IL N'Y A PAS DE LUMIÈRE SANS OBSCURITÉ

LEE CRUTCHLEY

JOURNAL DE MES NUITS D'INSOMNIE

POUR TOUS LES RÊVES ET RÊVEURS

Traduit de l'anglais par Julie Groleau

LE LIVRE DE POCHE

Titre original :
THE NOCTURNAL JOURNAL
Publié par TarcherPerigee, une marque de Penguin Random House LLC,
New York.

Illustrations de couverture et intérieures : Lee Crutchley.

ISBN : 978-2-253-18814-8 – 1re publication LGF

POUR TOUS LES RÊVEURS
(ET TOUS LES RÊVES)

IL N'Y D'OBS SANS

A PAS

CURITÉ

LUMIÈRE

NOCTURNE

[NƆKTYRN]

ADJECTIF

QUI EST PROPRE À LA NUIT ; QUI VEILLE, SE DÉPLACE, CHASSE PENDANT LA NUIT.

« LA PLUPART DES CHOUETTES SONT DES ANIMAUX NOCTURNES. »

INTRODUCTION

Pour commencer, sache que ce livre ne t'aidera pas à mieux dormir, voire à dormir tout court. Mais il te permettra de faire un meilleur usage de tes heures d'insomnie. Pendant la nuit, lorsque tu es gagné par l'angoisse ou les soucis, il t'est impossible de te détendre (comme moi), tu es hanté par de sombres pensées que tu ne comprends pas toujours (comme moi) ou, chaque fois que tu es sur le point de t'endormir, tu es systématiquement réveillé par une nouvelle idée fabuleuse (comme moi).

La raison qui t'empêche de dormir importe peu, car, au fond, la cause est presque toujours la même. Dans notre monde moderne, on a du mal à trouver – ou à s'accorder – assez de temps pour se connecter réellement à soi-même ; les journées sont de plus en plus chargées.
En conséquence, les inquiétudes et les sentiments sont refoulés, et les idées les plus créatives… enfouies au plus profond de soi. C'est pourquoi tout cela déferle dans notre cerveau juste au moment où on essaie de lâcher prise pour sombrer dans le sommeil.

La nuit est le moment idéal pour explorer ces pensées, ces sentiments et ces idées. Sous le couvert de l'obscurité, tu es libre de penser à tout ce que tu n'oses pas aborder, de te laisser envahir par des émotions que tu crains de ressentir, et de parler tout seul sans avoir l'impression de devenir fou. Ce livre ne t'aidera pas à dormir mieux, mais j'espère qu'il te permettra de vivre un peu mieux.
Il t'offrira un espace où t'abriter du regard et de l'opinion des autres, afin de te reconnecter à la personne la plus importante et souvent la plus négligée de ta vie : toi.

Ne serait-il pas surprenant, en fait, que tu parviennes à t'endormir si tu songes à toutes les choses qui peuvent t'en empêcher ? Il est si facile de laisser l'une d'elles (ou toutes) diriger tes nuits et faire barrage à ton sommeil. Mais si tu décides d'accepter et d'explorer ces pensées nocturnes et ces sentiments plutôt que de les subir, tu parviendras à les considérer sous un angle nouveau. À l'abri de la nuit, les obstacles dont tu te faisais des montagnes vont te laisser entrevoir des chemins totalement invisibles en plein jour.

OBSTACLE

OÙ TE PLACES-TU SUR CES ÉCHELLES ?

INFLEXIBLE — CONCILIANT

ÉGOÏSTE — ALTRUISTE

INDIFFÉRENT — AMOUREUX

INTROVERTI — EXTRAVERTI

DÉTENDU — TENDU

UTILISE UNE COULEUR OU UNE FORME DIFFÉRENTES POUR INDIQUER L'ENDROIT OÙ TU AIMERAIS TE SITUER

RÉALITÉ — IMAGINATION

RÉACTIF — PROACTIF

PESSIMISTE — OPTIMISTE

RASSURÉ — EFFRAYÉ

LE PASSÉ — L'AVENIR

ÉTEINS LES LUMIÈRES ET DESSINE CE QUI T'EMPÊCHE DE DORMIR LA NUIT

IL EST TARD ET TON TÉLÉPHONE VIBRE.
QUI EST-CE ET QUE TE VEUT-ON ?

RÉFLÉCHIS BIEN AVANT D'ÉCRIRE TA RÉPONSE

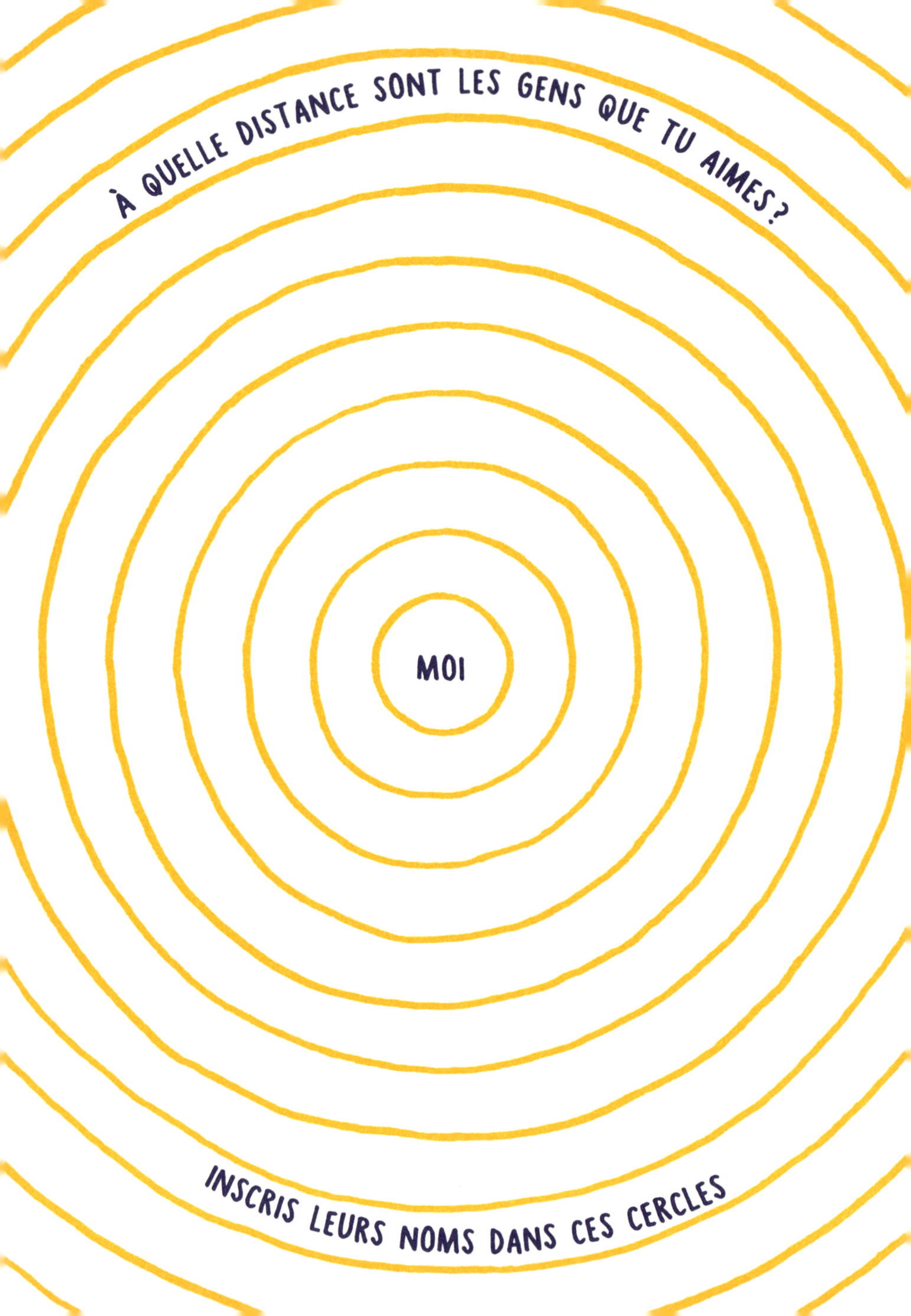
À QUELLE DISTANCE SONT LES GENS QUE TU AIMES?
MOI
INSCRIS LEURS NOMS DANS CES CERCLES

COMMENT PEUX-TU RAPPROCHER CHAQUE PERSONNE DE TOI?

PENSÉES IMPORTANTES

PENSÉES SANS INTÉRÊT

À CET INSTANT,
QUELLE EST LA PENSÉE
LA PLUS IMPORTANTE
QUI TE PRÉOCCUPE ?

ÉCRIS-LA ET GARDE-LA DANS UN ENDROIT OÙ TU POURRAS LA LIRE SOUVENT :

COLLÉE À TON TÉLÉPHONE

DANS TON PORTE-MONNAIE

OU SUR TON ORDINATEUR

QU'EST-CE QUI TE POUSSE À TE LEVER CHAQUE MATIN ?

QU'EST-CE QUI T'INCITE À ALLER TE COUCHER ?

QUELLE EST LA QUESTION LA PLUS IMPORTANTE QUE TU TE POSES?

FERME LES YEUX

POSE TON DOIGT SUR UNE RÉPONSE

HA HA HA
HA HA
HA

J'EN
DOUTE

100 %
D'ACCORD

BIEN SÛR!
JE PLAISANTE

C'EST
50/50

J'ESPÈRE
BIEN

404

HUM...

TU
PEUX FAIRE
MIEUX

ÇA DÉPEND
DE TOI

NAN, DÉSOLÉ

QUAND TU SERAS PRÊT

C'EST NON, OU OUI, OU PEUT-ÊTRE

C'EST CERTAIN (PROBABLEMENT)

INTENTION-NELLEMENT VIDE

GOOGLE SAIT TOUT

LA RÉPONSE EST : UNE CRÈME GLACÉE

42

REPOSE-TOI LA QUESTION DEMAIN

OUI (SINCÈREMENT)

POURQUOI PAS ?

EST-CE UNE QUESTION PIÈGE ?

RECOMMENCE CET EXERCICE CHAQUE FOIS QUE TU EN AS BESOIN

ÉCRIS UN CV MENTIONNANT UNIQUEMENT LES ÉCHECS ET LES REFUS

DATE	ÉVÉNEMENT

LESQUELS T'EMPÊCHENT ENCORE D'AVANCER ?

LE PASSÉ...

LE PRÉSENT...

LE FUTUR...

QUELLES SONT LES TROIS CHOSES QUI PÈSENT LE PLUS DANS TA VIE, ET QU'EST-CE QUI LEUR DONNE AUTANT DE POIDS ?

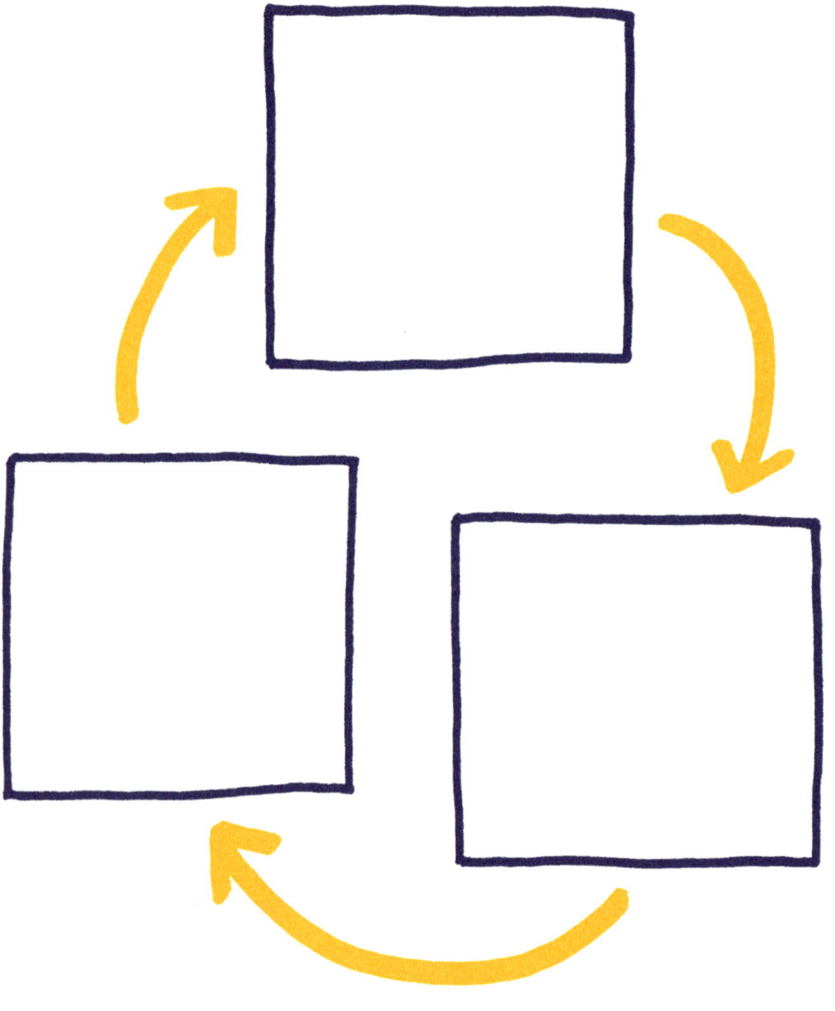

DANS QUEL CERCLE VICIEUX ES-TU PRIS ?

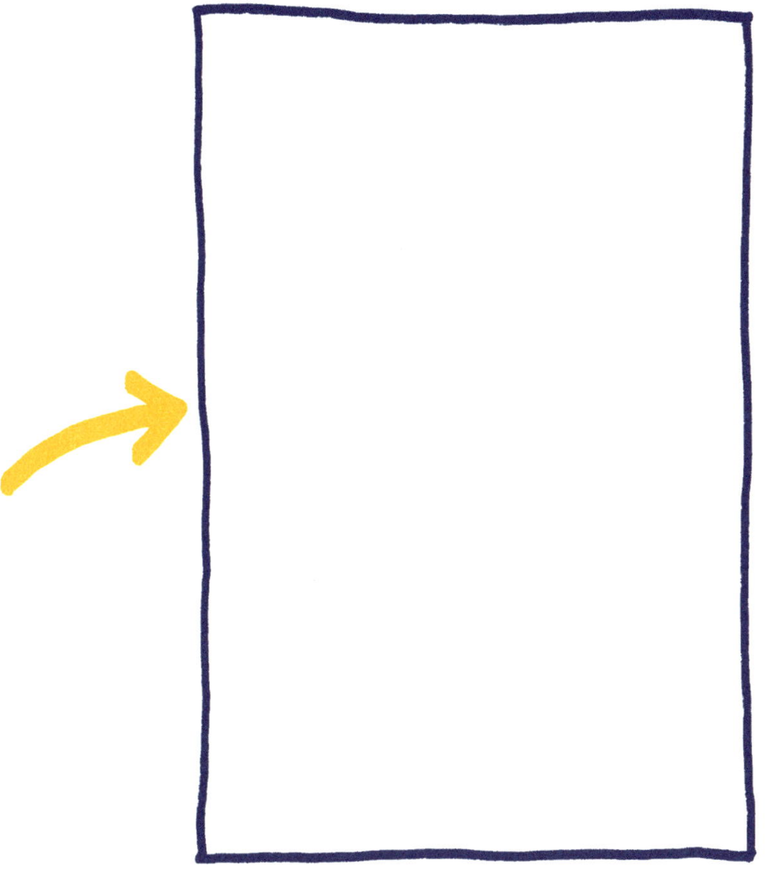

QUE PEUX-TU FAIRE POUR T'EN LIBÉRER ?

ÉCRIS UNE LETTRE DE PARDON

LA DERNIÈRE FOIS QUE J'AI...
PLEURÉ :

MENTI :

RI À M'EN FAIRE MAL :

FAIT QUELQUE CHOSE D'IMPORTANT :

DIT MERCI :

DIT JE T'AIME :

QU'EST-CE QUI TE FAIT TE SENTIR...

EFFRAYÉ

COURAGEUX

HONTEUX

FIER

SEUL

COMPRIS

QU'EST-CE QUI TE FAIT ÉPROUVER CES SENTIMENTS...

INSENSIBILITÉ

EMPATHIE

TRISTESSE

BONHEUR

HAINE

AMOUR

QU'EST-CE QUE TU VEUX ?

BARRE TA RÉPONSE. OK, QU'EST-CE QUE TU VEUX ?

TU PROGRESSES, MAIS BARRE AUSSI CETTE RÉPONSE.

POUR LA DERNIÈRE FOIS, QU'EST-CE QUE TU VEUX VRAIMENT ?

D'ACCORD, C'EST BIEN D'EN ÊTRE SÛR !

POUR

ES-TU

QUOI

ICI ?

Ce qui est terrifiant lorsqu'on se trouve face à une porte fermée, c'est de l'ouvrir, parce qu'on ne sait jamais ce qui nous attend derrière. Pourtant, quand tu affrontes tes peurs, elles sont rarement aussi effrayantes qu'elles en ont l'air. Les explorer plus en profondeur peut souvent amener à découvrir des choses qu'on n'aurait même pas osé penser, ressentir ou souhaiter (sans compter quelques cadavres dans le placard). C'est en demandant des centaines de fois par jour « pourquoi ? » que les enfants apprennent, grandissent et évoluent. Le meilleur moment pour te demander de quoi tu as peur et pourquoi, c'est lorsque tu es plongé dans le noir.

PEUR

QUAND AS-TU EU PEUR POUR LA DERNIÈRE FOIS ?

EMBARRASSANT À AVOUER

EXPÉRIENCE DE MORT IMMINENTE

À QUEL POINT ÉTAIT-CE EFFRAYANT ?

CROIS-TU EN DIEU ?

QUELLE EST LA PLUS GRANDE DÉCISION
QUE TU AS PRISE AUJOURD'HUI ?

LITTÉRALEMENT LA PIRE

ÇA N'AURAIT PAS PU ALLER MIEUX

COMMENT AS-TU FAIT ?

CROIS-TU EN TOI ?

REMPLIS CETTE BOÎTE
AVEC TOUS TES SOUCIS

MAINTENANT, RANGE-LES DANS CES BOÎTES

SOUCIS PRODUCTIFS	SOUCIS IMPRODUCTIFS

COMMENT PASSERAIS-TU TA JOURNÉE DE DEMAIN
SI TU N'AVAIS PAS D'OBLIGATIONS ?

SURLIGNE TOUT CE QUE TU POURRAIS
INTÉGRER DANS TA VIE DE TOUS LES JOURS

ÉCRIS TA *TO-DO LIST* POUR DEMAIN
EN Y INCLUANT AU MOINS UNE DE CES ACTIVITÉS

QUELS FANTÔMES DU PASSÉ
TE HANTENT ENCORE ?

QUE FERAIS-TU SI LA PEUR N'EXISTAIT PAS ?

AU TRAVAIL JE FERAIS :

EN AMOUR JE FERAIS :

DANS LE FUTUR JE FERAIS :

TOUT DE SUITE JE FERAIS :

ÉCRIS UNE LETTRE DE REMERCIEMENTS À QUELQU'UN QUI T'A REJETÉ

QUELLE EST TA PLUS GRANDE PEUR POUR L'AVENIR ?

QUELLE EST LA PROBABILITÉ QUE CELA ARRIVE ?

COMMENT PEUX-TU L'ÉVITER ?

SI TU NE PEUX PAS L'ÉVITER, COMMENT PEUX-TU L'ACCEPTER ?

QUAND TU ES DANS L'OBSCURITÉ, QUE VOIS-TU ?

UTILISE UN CRAYON BLANC OU UN CRAYON À PAPIER

CE QU'IL FAUT DÉFINITIVEMENT ÉVITER

CE QU'IL FAUT SURMONTER

QU'EST-CE QUI PROVOQUE CETTE SENSATION
AU CREUX DE TON ESTOMAC ?

QU'EST-CE QUI FAIT TOURNER CES PENSÉES
EN BOUCLE DANS TA TÊTE ?

DRESSE LA LISTE DE TOUS LES MOMENTS OÙ TU T'ES SENTI EFFRAYÉ, INQUIET OU ANGOISSÉ AUJOURD'HUI

DRESSE LA LISTE DE TOUS LES MOMENTS OÙ TU T'ES SENTI COURAGEUX, SÛR DE TOI OU APAISÉ AUJOURD'HUI

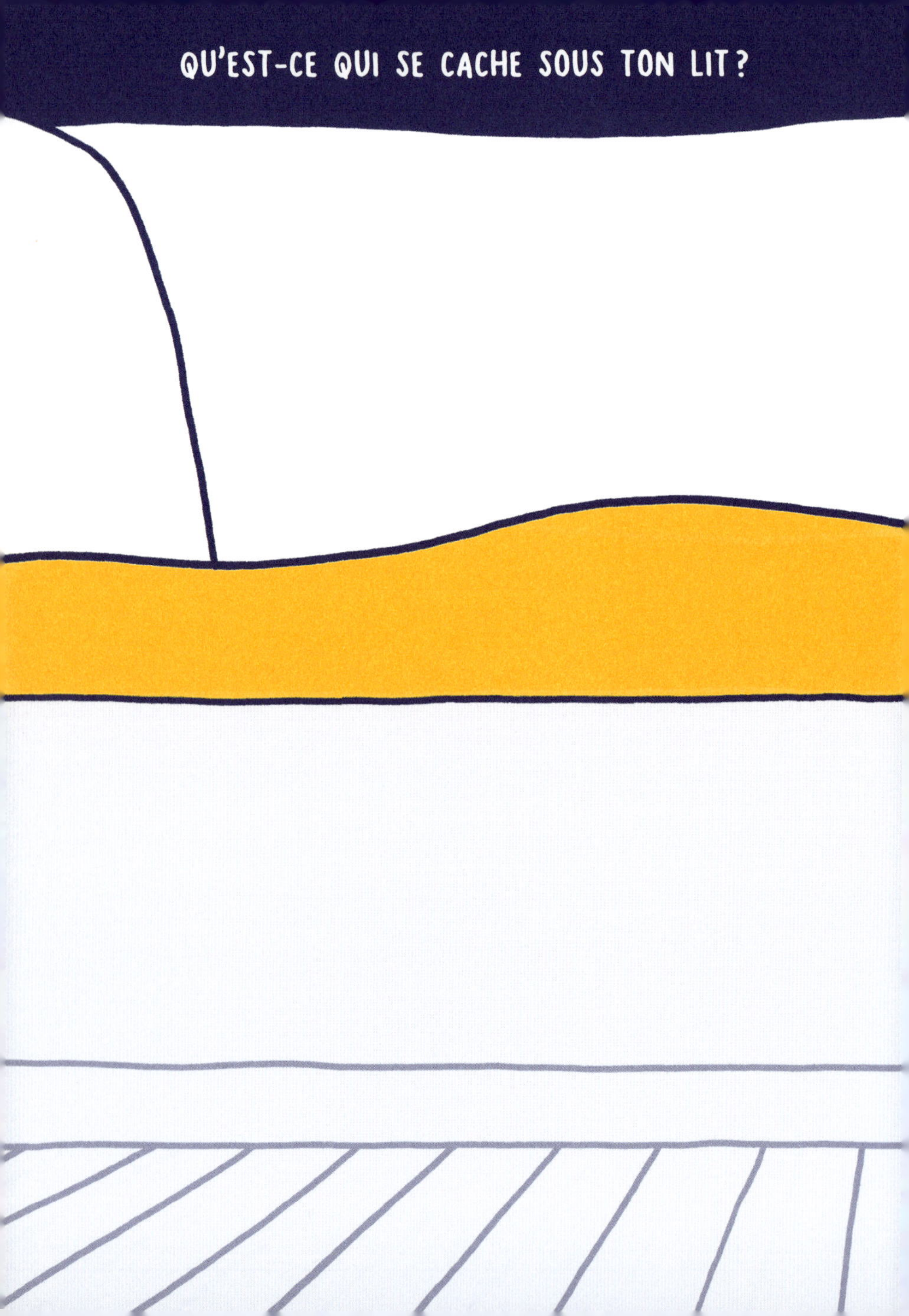
QU'EST-CE QUI SE CACHE SOUS TON LIT ?

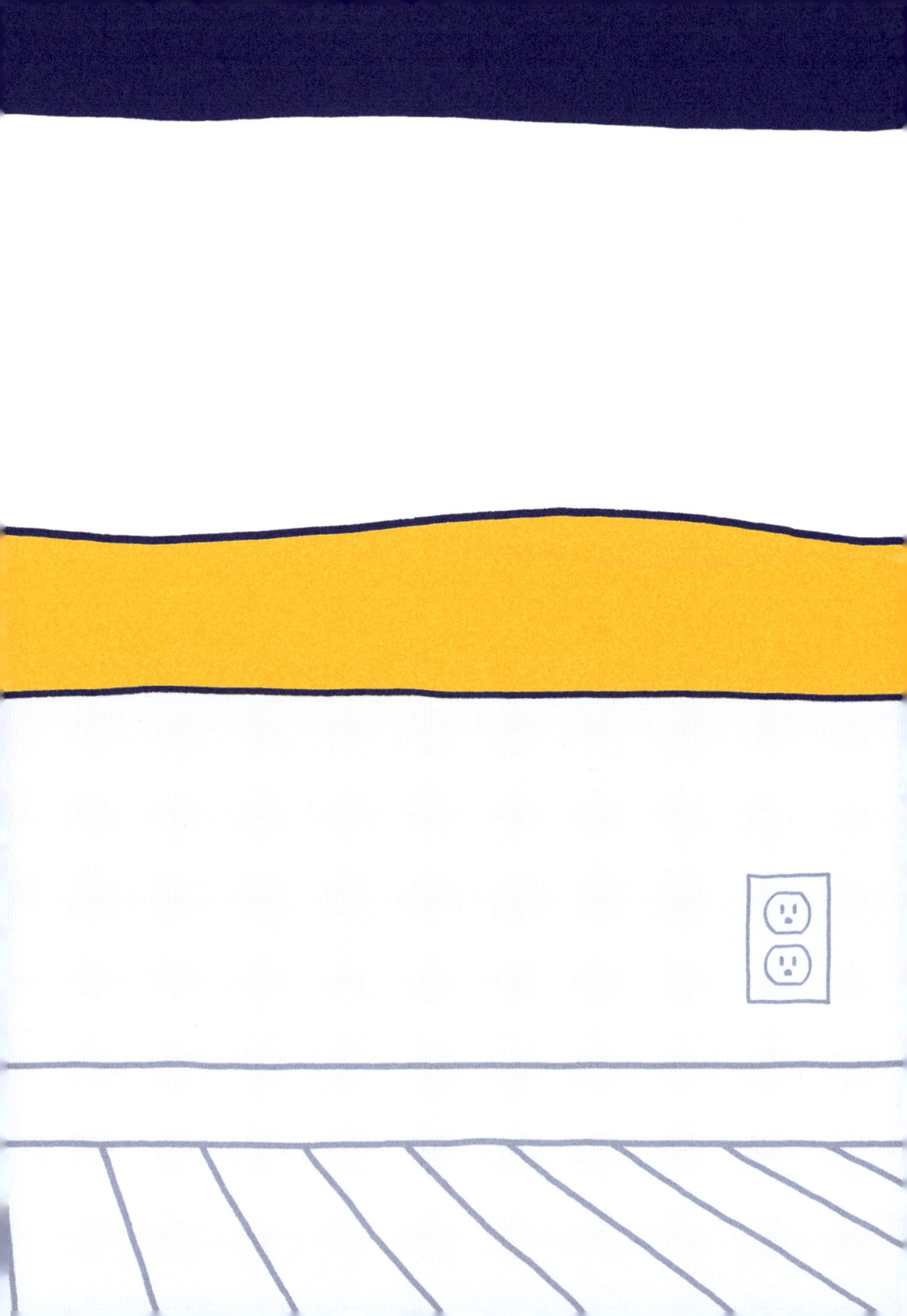

REMPLIS CETTE PAGE DE MOTS SOMBRES

OBSCURITÉ

REMPLIS CETTE PAGE DE MOTS LUMINEUX

LUMIÈRE

RELIE LES MOTS DES DEUX CÔTÉS D'UNE MANIÈRE QUI TE SEMBLE JUSTE

QUELLE EST LA CHOSE LA PLUS EFFRAYANTE
QUE TU AIES JAMAIS FAITE ?

QUELLE EST LA CHOSE LA PLUS EFFRAYANTE QUE TU FERAS ?

SELON TOI, QUELLES SONT LES DIX QUESTIONS
LES PLUS IMPORTANTES DANS LA VIE ?

DÉBROUILLE-TOI POUR CORNER OU MARQUER CETTE PAGE.
TU REVIENDRAS PLUS TARD SUR CES QUESTIONS.

1:

2:

3:

4:

5:

6:

7:

8:

9:

10:

QUELLE EST LA CHOSE QUE TU RÊVERAIS DE FAIRE, MAIS DONT TU N'OSES PARLER À PERSONNE ?

FABRIQUE UNE PANCARTE, ANNONCES-Y TON AMBITION SECRÈTE ET AFFICHE-LA DE MANIÈRE ANONYME DANS UN LIEU OÙ LES AUTRES POURRONT LA VOIR

DE
AS-TU

QUOI
PEUR ?

La nuit, il existe un effet secondaire assez frustrant au relâchement de ton esprit : ton inspiration est soudain stimulée, tu es submergé par de grandes idées. L'éveil de ta créativité est bien réel, n'y vois aucune ruse du monde nocturne. Ton cerveau a cessé de tout filtrer, tu te détaches de ton environnement quotidien et tu te diriges vers cet univers étrange où tu es mi-éveillé, mi-endormi. Les pensées qui surviennent alors peuvent sembler bizarres, certaines n'ont peut-être aucun sens le matin venu, mais la magie peut aussi opérer. Quand ton esprit quitte les sentiers battus pour suivre son propre chemin, encourage-le dans cette voie.

LUMIÈRE

À QUEL POINT ES-TU RÉVEILLÉ ?

COMBIEN DE CAFÉS AS-TU PRIS AUJOURD'HUI ?

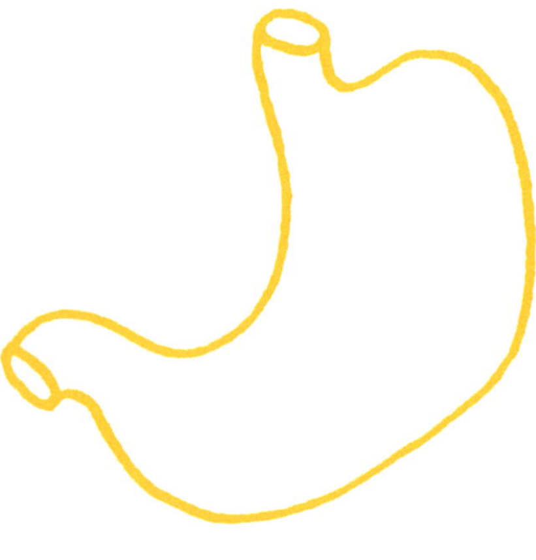

TON ESTOMAC
EST-IL REMPLI ?

COMBIEN D'HEURES
AS-TU PASSÉES DEVANT
DES ÉCRANS ?

TROIS MOTS POUR TE DÉCRIRE

QU'Y A-T-IL
SUR TA PIZZA ?

À QUOI RESSEMBLE
LE FUTUR ?

TROIS MOTS POUR DÉCRIRE
LA PERSONNE QUE TU VEUX ÊTRE

PENSE À QUELQUE CHOSE QUI N'A AUCUN RAPPORT AVEC CHACUN DE CES MOTS

CHEVAL

TURQUOISE

ÉGLISE

POISSON

MONTAGNE

PIZZA

DOUZE

MIROIR

NEW YORK

PERSONNE

REMPLIS CETTE PAGE AVEC DES MOTS INVENTÉS

FLASHICOOL

JOLIFLEXE

CHOISIS TES MOTS FAVORIS ET DONNE-LEUR UNE DÉFINITION

MON RÊVE...

PERSONNE :

LIEU :

CHOSE :

VIE :

QUE VOIS-TU DANS CES NUAGES ?

QUELS SONT MAINTENANT TES TROIS PRINCIPAUX PROBLÈMES ?

1 :

2 :

3 :

INVENTE DES SOLUTIONS POUR LES RÉGLER TOUS LES TROIS (PEU IMPORTE COMMENT, ON SE FICHE DE LA SCIENCE)

1 :

2 :

3 :

ET MAINTENANT, C'EST LE MOMENT IDÉAL POUR FAIRE DU « COLORIAGE POUR ADULTE »

IL N'Y A PAS DE DESSIN À COLORIER :
LANCE-TOI ET VOIS CE QUI SE PASSE

QUE SE PASSE-T-IL DANS CES PIÈCES ?

ÉCRIS TOUTES LES IDÉES GÉNIALES
QUE TU AS CE SOIR

DEMAIN, SURLIGNE TOUTES LES IDÉES QUI TE SEMBLENT TOUJOURS GÉNIALES

ÉCRIS UNE LETTRE AU HÉROS DE TON ENFANCE
POUR LUI DEMANDER CONSEIL

DÉCRIS LA DERNIÈRE FOIS QUE TU AS...

TESTÉ UN NOUVEAU PLAT

FAIT UNE DÉCOUVERTE DANS TA VILLE

VOYAGÉ DANS UN NOUVEAU LIEU

DISCUTÉ AVEC UN INCONNU

PRENDS UNE PHOTO AU HASARD ET COLLE-LA ICI

LES MEILLEURS ENDROITS POUR DÉNICHER
DES PHOTOS SONT : CHEZ TOI OU SUR INTERNET.
SINON, TU PEUX EN IMPRIMER UNE DES MIENNES
EN TE RENDANT SUR RANDOMPIC.LEECRUTCHLEY.COM

MAINTENANT, ÉCRIS UNE NOUVELLE
EN T'INSPIRANT DE CETTE PHOTO...

QUELLE EST LA CHOSE LA PLUS INCROYABLE QUE TU AIES VUE ?

QUELLE EST LA CHOSE LA PLUS INCROYABLE
QUE TU N'AS JAMAIS VUE ?

RELIE LES ÉTOILES POUR CRÉER TES PROPRES CONSTELLATIONS

DÉCRIS TROIS BONNES CHOSES

QUELLE SERA TA PLUS GRANDE RÉUSSITE ?

QUEL SERA TON ENDROIT PRÉFÉRÉ ?

DE QUI SERAS-TU AMOUREUX ?

QUELLE SERA LA PIRE CHOSE QUE TU FERAS ?

QUELLE SERA LA MEILLEURE CHOSE QUE TU FERAS ?

ST-CE QUE TOUT IRA BIEN À LA FIN ?

OÙ

VAS-

TU ?

L'obscurité est un lieu étrange où tu peux soit te sentir complètement effrayé soit en totale sécurité, parfois les deux à la fois. Elle peut exacerber tes sentiments et tes pensées les plus sombres. Instinctivement, tu auras tendance à t'en détourner. Pourtant, c'est important d'être courageux et de l'affronter, voire de la titiller et de la provoquer un peu. En sondant plus en profondeur ton côté obscur, tu comprendras que le fait d'avoir de sombres pensées n'implique pas que tu sois (forcément) quelqu'un de sombre. Il n'y a pas de lumière sans obscurité.

SOMBRE

LE OU LA PIRE...

NOURRITURE QUE TU AS MANGÉE :

INDIVIDU QUE TU AS RENCONTRÉ :

MENSONGE QUE TU AS FAIT :

MOT QUE TU AS PRONONCÉ :

PENSÉE QUE TU AS EUE :

CHOSE QUE TU AS FAITE :

COMMENT EST LA LUNE CE SOIR ?

COMMENT TE SENS-TU CE SOIR ?

POSE TON POUCE SUR CETTE GRAINE
ET PENSE À TOUT CE QUI NE VA PAS.

SENS LES MAUVAISES PENSÉES CIRCULER ET S'AGGLOMÉRER
JUSQU'À CE QU'ELLES FORMENT UNE MASSE COMPACTE.

MAINTENANT, COMMENCE À LES ÉVACUER DE TON ESPRIT.

SENS-LES DESCENDRE DE TON COU À TON ÉPAULE,
LE LONG DE TON BRAS, ET SORTIR PAR TON POUCE.

DANS LA GRAINE.

CONTINUE DE LAISSER S'ÉCHAPPER LE FLUX
DE TES MAUVAISES PENSÉES JUSQU'À
CE QUE TU TE SENTES VIDE.

DESSINE TES RÉPONSES À CES QUESTIONS

DE QUI EST-CE LA FAUTE ?

QUI A CAUSÉ CETTE BLESSURE ?

QUI TE MANQUE ?

QUE SE PASSE-T-IL QUAND ON MEURT ?

QU'AIMERAIS-TU ENTERRER
POUR TOUJOURS ?

ÉCRIS UNE LETTRE À QUELQU'UN QUE TU AS PERDU

CRÉE UN TATOUAGE POUR CHACUN(E) DE TES ANCIEN(NE)S AMOUREUX(SES)

~~RIHANNA~~

BEURK

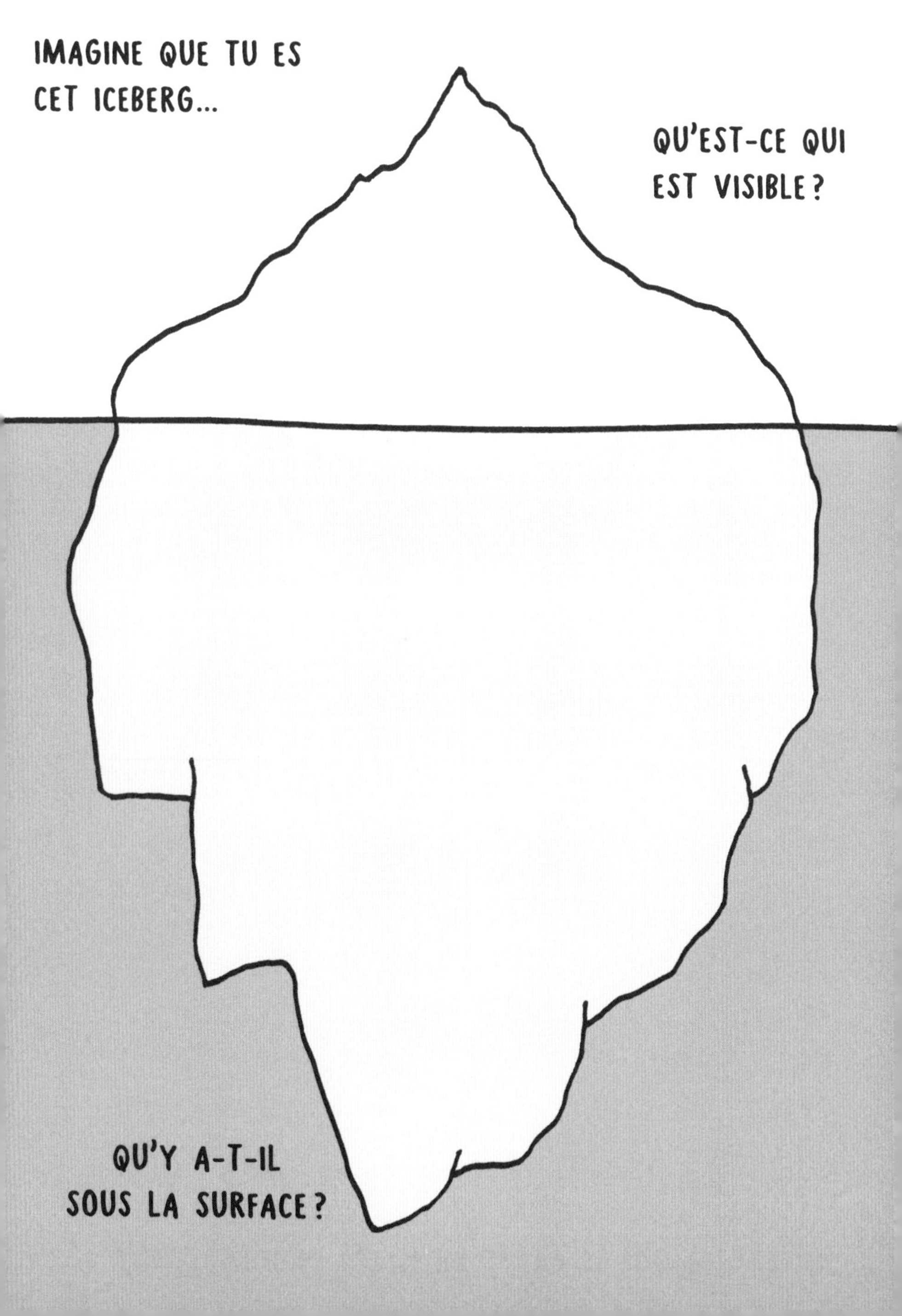
IMAGINE QUE TU ES CET ICEBERG...
QU'EST-CE QUI EST VISIBLE ?
QU'Y A-T-IL SOUS LA SURFACE ?

QU'EST-CE QUI TE MAINTIENT À LA SURFACE ?

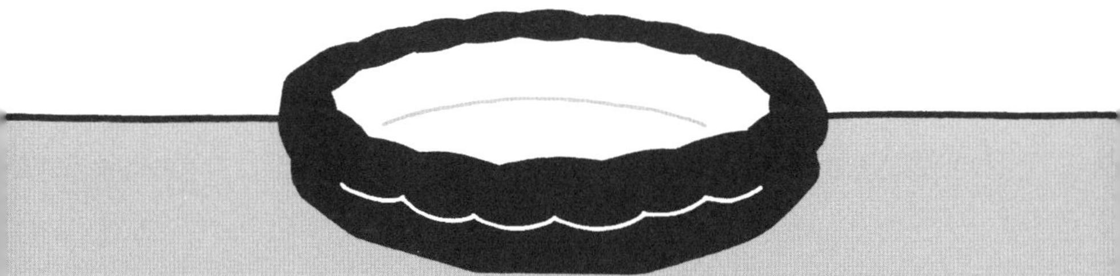

QU'EST-CE QUI SE CACHE DANS LES PROFONDEURS ?

ÉCRIS TES PENSÉES LES PLUS SOMBRES
AVEC TON STYLO LE PLUS FONCÉ

DÉCRIS LE TRAIT PHYSIQUE QUE TU AIMES
LE MOINS CHEZ TOI

DÉCRIS LE TRAIT PHYSIQUE QUE TU PRÉFÈRES CHEZ TOI

ÉTEINS LA LUMIÈRE ET OBSERVE-LES
AVEC UNE LAMPE DE POCHE

QUELLES ONT ÉTÉ TES TROIS PLUS GROSSES ERREURS ?

ET QUE PEUX-TU EN RETIRER ?

S'IL ÉTAIT POSSIBLE D'EFFACER UN SOUVENIR PRÉCIS,
LE FERAIS-TU ?

OUI NON

SI TU AS RÉPONDU OUI, VA CHERCHER
CES DEUX OBJETS ET PASSE À LA PAGE SUIVANTE

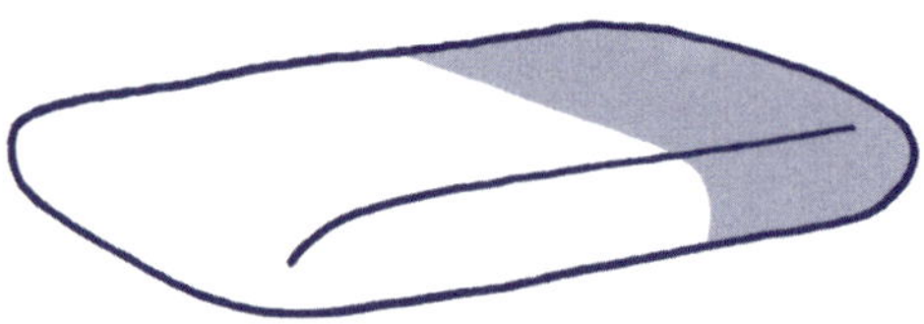

SI TU AS RÉPONDU NON : SÉRIEUSEMENT ?

EN UTILISANT TON CRAYON, DÉCRIS CE SOUVENIR
EN DONNANT UN MAXIMUM DE DÉTAILS

MAINTENANT, EFFACE-LE. FACILE, HEIN ?

REGARDE FIXEMENT À L'INTÉRIEUR DE CET ABÎME PENDANT QUELQUES MINUTES ET DÉCOUVRE CE QU'IL TE RENVOIE

QUE SAUVERAIS-TU DANS UN INCENDIE ?

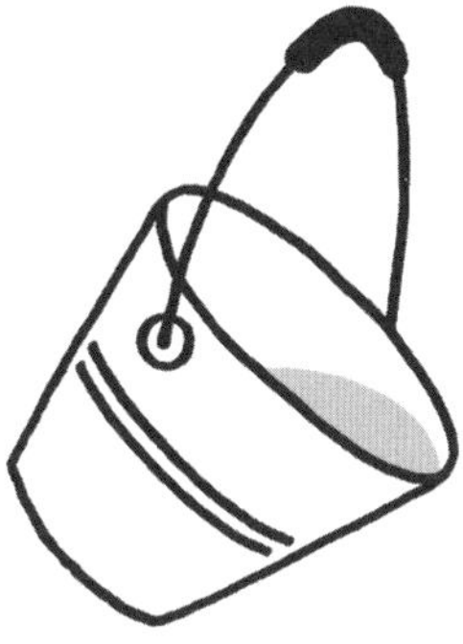

QUE RÉDUIRAIS-TU EN CENDRES ?

ÉCRIS LES PENSÉES QUE TU SOUHAITES GARDER CACHÉES DANS L'OBSCURITÉ…

ENSUITE, GRIBOUILLE LA LUMIÈRE

POUR QUELLES CHOSES SE SOUVIENDRA-T-ON DE TOI ?

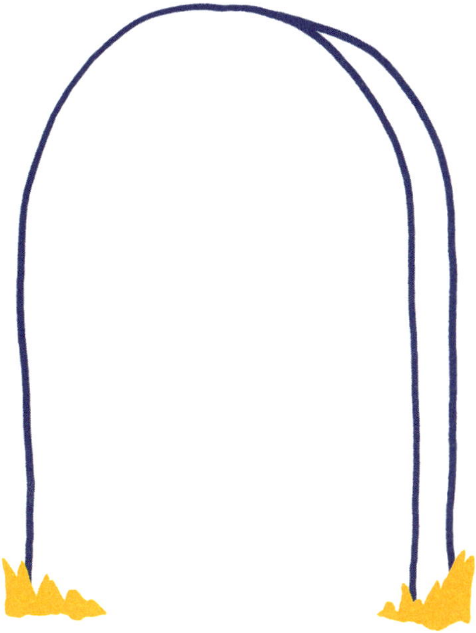

POUR QUELLES CHOSES AIMERAIS-TU
QU'ON SE SOUVIENNE DE TOI ?

EST-

TU

EST-CE

TU

CE QUE

VIS OU

QUE

EXISTES ?

C'est tellement pénible quand les grandes questions existentielles se mettent à tourner en boucle dans ta tête juste au moment où tu veux t'endormir : Qu'est-ce que je fais de ma vie ? Où vais-je ? Est-ce vraiment très mauvais pour ma santé de manger des glaces ? En réalité, ton cerveau te rappelle que, s'il est si facile de s'oublier soi-même, il est important de ne pas le faire. Le meilleur moment pour se reconnecter à la personne que tu es vraiment, c'est la nuit, protégé par l'obscurité. Tandis que le reste du monde dort, tu peux laisser s'exprimer sans crainte ni culpabilité la part la plus honnête, ambitieuse et libre de ta personnalité. Quand le soleil se lèvera, tu redeviendras la personne que les gens connaissent et aiment, mais armée d'une nouvelle énergie et d'une vraie vision sur ce que tu veux, là où tu vas et qui tu es.

TOI

QUI SONT LES PERSONNES LES PLUS IMPORTANTES DE TA VIE, ET QUE FONT-ELLES POUR TOI ?

QUE FAIS-TU POUR ELLES ?

PLACE LES SYMBOLES CI-DESSOUS SUR CETTE CARTE

✖ TA MAISON

● LES ENDROITS OÙ TU VEUX ALLER

★ TES ENDROITS PRÉFÉRÉS

♥ LA PERSONNE QUE TU AIMES LE PLUS

▲ L'ENDROIT LE PLUS LOIN DE CHEZ TOI OÙ TU ES DÉJÀ ALLÉ

IMAGINE QUE TU ES UN IMMEUBLE...
OÙ ES-TU ?

À QUOI RESSEMBLES-TU ?

À QUOI SERS-TU ?

Y A-T-IL DES PERSONNES À L'INTÉRIEUR DE TOI?
QUE FONT-ELLES?

QUE VOIS-TU?

COMMENT TE SENS-TU?

CETTE LUMIÈRE ÉCLAIRE TA PLUS GRANDE QUALITÉ.
QUELLE EST-ELLE ?

QUEL EST TON BUT ?

À QUOI ÇA SERT ?

QUEL MÉTIER VOULAIS-TU FAIRE QUAND TU ÉTAIS PETIT ?

LA PERSONNE QUE TU ES AUJOURD'HUI
SERAIT-ELLE HEUREUSE DE LE FAIRE ?

QUEL MÉTIER FAIS-TU ACTUELLEMENT ?

L'ENFANT QUE TU ÉTAIS SERAIT-IL
HEUREUX DE LE FAIRE ?

QUELLES ÉTAIENT TES ACTIVITÉS PRÉFÉRÉES QUAND TU ÉTAIS ENFANT ?

QUELLES SONT CELLES QUE TU NE FAIS PLUS ?

DEPUIS QUAND AS-TU CESSÉ DE LES PRATIQUER ?

POURQUOI AS-TU ARRÊTÉ ?

LESQUELLES AIMERAIS-TU REPRENDRE ?

QU'EST-CE QUI T'EN EMPÊCHE ?

ÉCRIS-TOI UNE LETTRE À OUVRIR DANS TRENTE ANS

TRANSFORME CETTE SILHOUETTE EN AUTOPORTRAIT

TRANSFORME CELLE-CI EN PORTRAIT
DE QUELQU'UN QUE TU AIMES

QUELLES SONT LES TROIS CHOSES QUI ONT LE PLUS CHANGÉ TA VIE ?

EN QUOI ONT-ELLES CHANGÉ TA VIE ?

INVENTE LES TITRES DES ÉPISODES
DE LA SÉRIE TÉLÉVISÉE SUR TA VIE

ÉCRIS LE GÉNÉRIQUE DE LA SÉRIE

MOI...

QUELLE EST LA CHOSE QU'ABSOLUMENT PERSONNE NE SAIT SUR TOI ?

POURQUOI NE L'AS-TU JAMAIS DITE ?

ÉCRIS-LE DE MANIÈRE ANONYME SUR UN MORCEAU DE PAPIER ET CACHE-LE DANS UN ENDROIT OÙ QUELQU'UN POURRA LE TROUVER

DÉCOUPE CE CERCLE EN CAMEMBERT POUR INDIQUER COMMENT TU AS OCCUPÉ TA JOURNÉE

SI TU RECOMMENÇAIS CETTE JOURNÉE PENDANT LES CINQ PROCHAINES ANNÉES, OÙ SERAIS-TU ?

OÙ VEUX-TU ÊTRE DANS CINQ ANS ?

FAIS UN AUTRE CAMEMBERT QUI INDIQUE COMMENT PASSER TES JOURNÉES AFIN D'ATTEINDRE TON OBJECTIF

SI TU POUVAIS POSER AU MONDE ENTIER LA MÊME QUESTION, QUELLE SERAIT-ELLE ?

COMMENCE PAR LA POSER À TES AMIS ET À TA FAMILLE, À TOUS TES CONTACTS PAR MAIL, À TES ABONNÉS SUR TWITTER ET À TOUS CEUX QUE TU RENCONTRES.

NOTE TOUTES LES RÉPONSES QUE TU TROUVES UTILES OU INTÉRESSANTES

RÉPONDS AUX DIX QUESTIONS IMPORTANTES QUE TU AS ÉCRITES PLUS TÔT

1:

2:

3:

4:

5:

6:

7:

8:

9:

10:

QU'

QUE TU

VRAI

EST-CE

VEUX

MENT ?

COMME TOUJOURS, JE REMERCIE TOUTES LES PERSONNES QUE JE REMERCIE HABITUELLEMENT :

J'espère qu'elles savent déjà à quel point je leur suis reconnaissant, à la fois d'être là et d'être qui elles sont.

MERCI AUX PERSONNES & AUX CHOSES QUE JE NE PEUX PAS REMERCIER EN PERSONNE :

Papa, les Boules de Glace, Nick Cave, Berlin, la NASA, l'Océan, Starlee Kine, The National, les Cheeseburgers, Miranda July, la Tristesse, les Dinosaures, Fleabag, Bonnie « Prince » Billy, Londres, The Goonies, Louis CK, l'Afrique du Sud, Erlend Loe, The « Beautiful Losers », Francis Mallmann, la Couleur Orange, Toi.

ET UN REMERCIEMENT PARTICULIER À JAYNE.

SUIVEZ @LEECRUTCHLEY
OU VISITEZ LEECRUTCHLEY.COM

PHOTO BY JAYNE YONG

Lee Crutchley est un artiste et auteur anglais. Il vit aujourd'hui à Berlin. Si ses livres précédents ont été traduits en dix-neuf langues, il avoue avec embarras qu'il ne peut en parler qu'une seule. *OBWOHL ER SEIN BESTES GIBT, UM DEUTSCH ZU LERNEN*[1].

1. Même s'il fait de son mieux pour apprendre l'allemand.

PAPIER À BASE DE FIBRES CERTIFIÉES

Le Livre de Poche s'engage pour l'environnement en réduisant l'empreinte carbone de ses livres. Celle de cet exemplaire est de :
1,2 kg. CO_2
Rendez-vous sur
www.livredepoche-durable.fr

Composition réalisée par PCA

Achevé d'imprimer en mars 2018 en Espagne par
UNIGRAF
Dépôt légal 1re publication : mai 2018
LIBRAIRIE GÉNÉRALE FRANÇAISE
21, rue du Montparnasse – 75298 Paris Cedex 06

80/2097/5